기초성경공부

- 성장을 위한 첫걸음 -

2

말씀보존학회

기초성경공부에 들어가면서

하나님은 어느 시대 누구에게나 자신의 구원계획을 받아들일 기회를 주셨습니다. 그러나 불행히도 대부분의 사람들은 구원계획을 거절했고, 그 결과 그들은 영원히 고통받게 될 것입니다.

예수 그리스도를 자신의 구세주로 영접한 것은 당신이 내릴 수 있는 가장 의미 있는 결정입니다. 지옥으로 갈 수밖에 없었던 당신은 이제 주 예수 그리스도와 함께 영원을 보내게 될 것입니다. 더 이상 헛된 삶을 사는 것이 아니라 영원을 바라보며, 살아야 할 이유와 목적을 갖게 된 것입니다. 내면의 공허함은 그분으로 인해 채워집니다.

마귀 또한 당신이 예수 그리스도 안에서 새로운 삶을 갖게 된 것을 알고 있습니다. 당신으로 하여금 하나님의 구원 계획을 거부하도록 하려는 그의 노력은 좌절되었습니다. 그러므로 이제 마귀는 당신이 성장해서 하나님께 가까워지는 것과 당신의 삶 속에서 이루시고자 하는 하나님의 계획을 당신이 이행하는 것을 막기 위해 모든 노력을 다할 것입니다.

이 교재는 예수 그리스도 안에서 새로운 삶을 시작하는 그리스도인에게 도움을 주기 위해 만들어졌습니다. 각 과는 그리스도인과 하나님과의 관계가 무엇인지, 어떻게 그분과 교제하는지, 성경의 기본적인 원리들을 어떻게 자신의 삶에 적용하는지, 그리고 어떻게 하나님의 은혜를 영향력 있게 증거하고 간증할 수 있는지를 이해하는 데 도움을 줄 것입니다.

거듭난 그리스도인으로서의 연륜이 얼마나 되었는지에 관계없이, 당신은 본 교재의 각 과들을 온전히 이해함으로써 자신의 삶에 견고한 기반을 세우며 주 예수 그리스도 안에서 승리하는 삶을 누리는 데 도움을 얻을 수 있을 것입니다.

이 교재가 독자로 하여금 우리 주 예수 그리스도의 은혜와 지식 안에서 자라는 데 도움이 되기를 진심으로 기도합니다.

차 례

제 1 권

제 2 권

제 3 권

제 4 권

이 책에 인용된 성경 구절은 〈한글킹제임스성경〉입니다.

제 5 과 : 하나님의 말씀

"성경은 나에게 얼마나 중요한 책인가요?"

기독교가 다른 모든 종교들과 구별되는 점은, 하나님의 영감으로 기록된 책에 대한 절대 권위를 주장하는 점입니다. 하나님의 말씀을 갖는 것은 그리스도인이 예수 그리스도의 은혜와 지식 안에서 성장하는 데 필수적입니다. 그리스도인이라면 자신의 삶의 모든 면을 인도해줄 기준을 하나님의 말씀에서 찾아야 합니다.

이 과의 목적은 독자로 하여금 성경에 대한 기본적인 사실과 어떻게 성경을 자신의 삶에 직접적으로 연관시키는가를 알게 하는 데 있습니다. 그럼으로써 독자는 성경의 원칙들이 어떻게 예수 그리스도와 동행하는 삶의 세부적인 부분까지 인도하게 되는지를 이해할 수 있게 될 것입니다.

1. 하나님의 말씀은 구원에 역사하십니다.

A. *베드로전서 1:23*은 사람이 하나님의 말씀에 의해 거듭난다고 말해줍니다. 하나님의 말씀은 새로운 출생을 가져오는 대행자입니다.

B. *에베소서 2:8,9*

『믿음으로 말미암아 은혜로 구원을 받았으니』

로마서 10:17

『그러므로 믿음은 들음에서 나오며 들음은 하나님의 말씀에 의해서니라.』

C. *야고보서 1:21*에서 하나님의 말씀은 "너희 혼들을 구원할 수 있다"고 말하고 있습니다.

D. 바울은 *고린도전서 15:1-4*에서 복음을 네 부분으로 요약했습니다.

1) 그리스도께서 우리의 죄들로 인하여 죽으시고
2) 장사되셨다가
3) 다시 살아나셨다.
4) 그리고 이 모든 것은 성경대로 이루어진 것이다.

E. 누구든지 구원받으려면 먼저 죄인인 자신의 상태를 알아야 하며, 그런 자신을 구원하기 위한 하나님의 구원 계획에 대해 성경이 말하는 바를 반드시 믿어야 합니다.

2. 하나님의 말씀에 의해 구원받은 이후에는 그 말씀을 자신의 삶을 인도해 주는 절대적이고 무오한 인도자로 삼아야 합니다.

A. 자동차나 가전제품 같은 상품을 구입하면 그것이 어떻게 작동되는지를 말해주는 "사용자 지침서"가 들어있습니다. 만일 그 설명서를 기준으로 삼지 않는다면 구매한 물건을 제대로 사용할 수가 없게 됩니다.

B. 하나님의 말씀은 당신의 삶을 위한 "사용자 지침서"입니다. 하나님은 명확하고 정확한 "지침서" 없이 당신을 구원하시고 또 하나님을 섬기도록 부르지 않으셨습니다. 당신은 반드시 성경을

기준으로 삼고 또 최종 권위로 삼아야 합니다(시편 119:105, 잠언 3:5,6).

3. 하나님의 말씀은 그리스도인에게 어떤 유익을 주나요?

A. 하나님의 말씀은 하나님을 섬길 수 있도록 가르쳐줍니다. 『... 하나님의 사람이 온전하게 되며, 모든 선한 일에 철저히 구비되게 하려 함이니라』(디모데후서 3:16,17, 에베소서 6:10-18).

B. 하나님의 말씀은 그리스도인을 성장하게 해주는 "영적 양식"이 됩니다. *욥기 23:12*과 *예레미야 15:16*을 보십시오. 이 영적 양식은 완전하고 균형 잡힌 음식물입니다.

1) 젖 (베드로전서 2:2)

2) 꿀 (시편 19:10; 119:103, 잠언 16:24)

3) 사과 (잠언 25:11)

4) 빵 (누가복음 4:4)

5) 물 (이사야 55:10,11, 에베소서 5:26)

6) 고기 (히브리서 5:12-14, 고린도전서 3:1,2)

C. 하나님의 말씀은 그리스도인을 정결하게 지켜줍니다 (시편 119:9-11, 요한복음 15:3).

4. 성경은 온전히 신뢰할 수 있는 책인가요?

A. 성경은 직접적으로 귀에 들려오는 하나님의 음성보다 더 확실합니다. 이것은 매우 중요한 문제입니다. 모든 경험은 어떠한 경험보다도 위대한, 절대 무오한 기준에 의해 판단되어야 합니다. 베드로는 하나님의 말씀이 하나님의 음성을 직접 듣는 것보다 더 확실한 것이라고 말했습니다.

*베드로후서 1:16-21*과 *마태복음 17:1-9*을 비교해 보십시오.

B. 이 우주는 하나님의 말씀으로 창조되었습니다.

히브리서 11:3

시편 33:6

창세기 1:3

5. 어떻게 성경을 공부해야 하나요?

A. 하나님의 성령은 당신을 모든 진리로 인도하십니다. 하나님께서는 가르치는 것에 도움이 되도록 다른 도구들을 사용하기도 하십니다(책, 테이프, 설교 등). 그러나 근본적으로 진리는 성령님께서 일깨워주시는 것입니다.

요한복음 14:26

요한복음 16:13-15

B. 성경은 구절과 구절을 비교함으로써, 그리고 자신의 지성으로써가 아니라 가르쳐주시도록 하나님의 영을 의지함으로써 배우게 됩니다. 『...자연인은 하나님의 영의 일들을 받아들이지 아니하나니 이는 그 일들이 그 사람에게는 어리석게 여겨지기 때문이요 또 알 수도 없나니 이는 그 일들이 영적으로만이 분별되기 때문이니라.』

고린도전서 2:9-16

6. 간추린 성경의 역사

A. 성경은 구약 39권, 신약 27권, 모두 66권으로 되어 있습니다.

B. 성경은 40명 이상의 사람에 의해 기록되었습니다.

C. 그런데도 성경은 마치 한 사람에 의해 기록된 것처럼 매 권이 완전하게 조화를 이루고 있는데, 그것은 성경 66권의 직접적인 저자가 바로 성령님이시기 때문입니다.

베드로후서 1:21

D. 성경의 각 책들은 약 2,000년의 시간차를 두고 기록되었습니다.

E. 성경은 역사적 사건들, 예언들, 그리고 삶의 모든 문제들을 정확하게 다루고 있습니다.

F. 성경에는 단 하나의 모순도 없습니다.

G. 성경의 예언들은 정확하게 성취되었으며, 아직 성취되지 않은 모든 예언들도 정확하게 성취될 것입니다.

7. 성경은...

"성경은 하나님의 생각, 인간의 상태, 구원의 길, 죄인들의 파멸, 믿는 자들의 행복을 말한다. 성경의 교리들은 거룩하며, 성경의 교훈들은 행동을 규제해 주고, 성경의 역사들은 사실이며, 성경의 결정들은 불변하다.

현명하게 되려거든 성경을 읽고, 안전하게 되려거든 성경을 믿으라. 거룩하게 되려거든 성경을 실행하라. 성경은 당신을 인도해 주는 빛이요 지탱시켜 주는 음식이며 격려해 주는 위로자이다. 성경은 여행자의 지도이며, 순례자의 지팡이이고, 조종사의 나침반이요, 군인의 칼이며, 그리스도인의 헌장이다.

성경에서 낙원은 회복되었으며, 하늘은 열렸고, 지옥의 문은 폭로되었다. 성경의 위대한 주제는 주 예수 그리스도와 그분의 왕국이며, 성경의 의도는 우리의 유익이요, 성경의 목적은 하나님의 영광이다. 우리의 기억은 성경으로 채워지고, 마음은 성경으로 다스림 받으며, 걸음은 성경으로 인도되어야 한다.

천천히, 자주, 기도하는 마음으로 성경을 읽으라. 성경은 모든 풍요로움의 보고이며 영광의 낙원이고 기쁨의 강이다. 우리의 지상 생애 동안 읽혀지는 성경은 심판 때에 펼쳐질 것이요 영원히 기억될 것이다. 성경은 지극히 높은 책임을 요구하나 신실한 일꾼에게는 상을 주며, 그 안에 기록된 내용을 하찮게 여기는 모든 자들은 저주한다."

8. 기본 질문

A. 성경을 어디서부터 읽기 시작해야 하나요?

갓 거듭난 그리스도인이라면 우선 하나님과 자신과의 새로운 관계를 다루고 있는 책에 초점을 맞추어 읽으십시오. 요한복음, 요한일서, 시편 119편은 읽기 시작하기에 매우 좋습니다.

1) 요한복음은 예수 그리스도를 믿게 하기 위해 기록되었습니다.

요한복음 20:31

2) 요한일서는 구원의 영원한 보장을 알게 하기 위해 기록되었습니다.

요한일서 5:13

3) 시편 119편은 성경에서 하나님의 말씀에 대한 사랑을 표현한 위대한 장입니다.

B. 성경을 읽다가 이해할 수 없는 부분을 발견할 때는 어떻게 해야 하나요?

1) 당황하지 마십시오. 하나님께서는 적당한 때(당신이 준비되었을 때)에 당신에게 그것을 알려주실 것입니다.

요한복음 16:12

2) 당신이 이해한 것을 실행할 수 있음을 확신하십시오. 하나님은 당신이 다룰 수 있는 것보다 더 많은 것을 주시지는 않을 것입니다. 당신이 배운 것을 실행에 옮긴다면 하나님께서는 더 많은 것을 당신에게 맡기실 것입니다.

복 습 문 제

1. 하나님의 말씀은 우리의 구원에 역사하십니다.
   다음 구절들을 이것에 적용하여 간단하게 설명하십시오.
   A. *베드로전서 1:23*

   B. *로마서 10:17*

   C. *야고보서 1:21*

2. *고린도전서 15:1-4*에 따르면 복음의 네 가지 핵심적 요소는 무엇입니까?
   A.

   B.

   C.

   D.

3. 그리스도인의 삶 속에서 하나님의 말씀의 주된 목적은 무엇입니까?

A.

B.

C.

4. *디모데후서 3:16,17*에 따르면 모든 성경은 어떤 면에서 유익합니까?

A.

B.

C.

D.

5. 성경은 당신의 삶을 위해 하나님께서 주신 "사용자 지침서"와도 같은 것입니다. 그 이유를 간단히 설명하십시오.

6. 우리 몸의 각 기관이 제대로 기능하기 위해서는 음식이 필요합니다. 영적인 몸도 이와 마찬가지로 음식을 필요로 합니다. 이것을 우리에게 알려주는 성경 구절 두 가지를 쓰십시오.

   A.

   B.

7. *베드로후서 1:16-21*에 따르면, 하나님의 말씀은 하나님의 ________을 직접적으로 듣는 것보다 더 ________ 것이라고 말하고 있습니다.

8. 창세기 1,2장에 따르면 인간이 진화되었다는 이론은 거짓입니다. 이 주제에 관해 다음 구절들로부터 무엇을 배울 수 있습니까?

   A. *히브리서 11:3*

   B. *시편 33:6*

9. 우리는 4과에서 ________께서 우리를 모든 진리로 인도하신다는 것을 배웠습니다. 성경은 또한 성경과 ________ 을

킹제임스성경신학교는 피터 럭크만 박사가 미국 플로리다주 펜사콜라시에 설립한 Pensacola Bible Institute (PBI)에 기반을 두고 있습니다. 미국 Pensacola Bible Institute는 1965년 9월 개강한 이래로 지금까지 미국 내 정통 신학 교육의 요람으로서, 미국 내 유수한 근본주의 침례교 신학교들을 압도하고 성경대로 믿는 그리스도인들의 산실이 되고 있습니다. 자유주의와 현대주의를 배격하는 가운데 정통 교리의 수준 높은 신학 교육은 물론이요, 능력 있는 설교자 양성을 위한 강도 높은 훈련으로도 단연 으뜸입니다. 이처럼 본 신학교도 1991년에 세워진 이래로 이 땅에 바른 성경적 지식을 정착하고 신실한 하나님의 일꾼을 양성하는 데 총력을 기울여 오고 있습니다.

기존 신학교는 하나님의 말씀보다는 교단 신학과 학문으로서의 신학에 중점을 두어 가르치고 있습니다. 또한 편협한 교단 교리에 하나님의 말씀을 억지로 끼워 맞춰 가르치고 있기 때문에 이제는 하나님의 말씀에 근거한 신학을 제대로 가르치는 곳이 절대적으로 필요합니다. 이런 절실한 필요에 의해 본 신학교는 모든 교과 과정을 교단 신학이 아닌 하나님의 말씀으로 채움으로써 하나님의 말씀에 대한 올바른 지식을 터득할 수 있도록 구성하고 있습니다. 이렇게 구성된 모든 교과 과정은 성경 각 책에 대한 깊이 있는 수업과 설교의 실전 연습, 제반 목회 생활에 관한 실제적인 수업들로 이루어져 있으며, 무엇보다도 균형 있고 올바른 성경적 지식으로 무장할 수 있는 많은 수업들이 제공되고 있습니다.

킹제임스성경신학교는 설교자와 목회자, 성경 교사, 선교사를 양성하기 위한 곳으로, 3년의 모든 과정을 착실히 이수한 모든 학생들이 각자 하나님의 부르심에 따라 언제 어디서나 전담 사역자로서 사역할 수 있도록 양육받을 수 있는 국내 유일의 온·오프라인 정통 신학교입니다.

입학요강

	신학사(B.D.)	킹제임스성경신학원 신학석사(Th.M.)
수업연한	3년 (6학기)	2년 (4학기)
자　격	• 거듭난 그리스도인으로서 하나님께 쓰임받기 원하는 사람 • 고등학교 졸업자 및 졸업 예정자 또는 동등 이상의 학력이 인정되는 자(연령 제한 없음)	• 본교를 졸업한 신학사 학위 소지자로서 진리의 지식으로 효과적인 사역을 이루려는 분
선　발	서류전형(입학원서, 구원간증, 자기 소개서), 면접(서류 전형 합격자에게 개별 통보)	
학사일정	오프라인 봄 학기 매년 3월초 가을 학기 9월초 개강(총 16주) 월,화,목,금(오후 6:30 – 9:20) 온 라 인 수시접수 가능(한 학기 총 16주 / 100% 동영상 강의)	한 학기당 16주 과정 (화요일 오후 6:30 – 9:20)
원서교부	킹제임스성경신학교 교무처 / 인터넷 접수	

킹제임스성경신학교학장
10122 경기도 김포시 고촌읍 장곡로 39
전화 (02) 2665-3303, 팩스 (02) 2665-3302

__________ 함으로써 배울 수 있으며, 무엇보다 중요한 것은 가르쳐주시도록 성령님께 의지하는 것입니다.

10. *고린도전서 2:9-16*에 따르면 구원받지 못한 사람들이 성경을 올바르게 이해할 수 없는 이유는 무엇입니까?

11. 이 과의 목적을 간단히 설명하십시오.

♣ 암 송 구 절

베드로후서 1:21

시편 119:9

디모데후서 3:16,17

◆ 주의할 점 : 오늘날 많은 교회들은 다음과 같은 교리를 가르치고 있습니다.

1. 성경은 인간이 기록한 종교적인 책에 불과하다.
2. 성경은 오직 "성직자"에 의해서, 또는 몇 년 동안 체계적인 교육을 받음으로써만 이해할 수 있다.
3. 성경의 진정한 의미를 이해하려면 반드시 헬라어나 히브리어를 공부해야만 한다.

이 과에서 배운 성경의 가르침에 따라 이러한 교리들이 거짓이라는 점을 알아야 하며 또 왜 그러한지를 알 수 있어야 합니다.

NOTES

NOTES

제 6 과 : 기 도

"기도란 얼마나 중요한 것인가요?"

그리스도인의 영적 생활이 얼마나 강건한가는 전적으로 그의 기도 생활에 달려 있다고 누군가 말했습니다. 그 말에 수긍할 수 있는 이유는, 기도란 하나님과 직접적으로 교제하는 것이요 성도의 호흡이기 때문입니다. 당신이 성경을 읽을 때는 하나님께서 당신에게 말씀하시는 것이며, 당신이 기도할 때는 당신이 하나님께 말씀드리는 것입니다. 당신과 주 예수 그리스도와의 관계는 적절한 의사소통이 없이는 발전할 수가 없습니다.

이 과의 목표는 독자로 하여금 적절한 기도생활의 기본 원리들을 알게 함으로써 생활 속에서 주님과의 의사소통이 시작되고 또 더욱 효과적으로 이루어질 수 있도록 하는 데 있습니다.

1. 기도의 목표는 무엇인가요?

A. 기도는 자신을 위해 하나님을 움직이거나 그분의 마음을 바꾸는 것이 아닙니다. 그 반대로 기도는 그분의 뜻에 자신을 맞추는 것입니다.

B. 적절한 기도 생활은 마음의 평안을 가져다줍니다.

빌립보서 4:6,7

*C. 기도는 당신을 하나님과 더욱 가까워지도록 함으로써 그분께서 당신의 필요를 채워주심을 경험하게 해줍니다.

1) 하나님께서는 당신 삶의 모든 세밀한 부분에까지 역사하시며, 당신이 무엇을 구하기도 전에 당신의 필요가 무엇인지 정확하게 아십니다.

마태복음 6:8

2) 하나님께서는 당신에게 채워지지 않은 어떤 필요들이 생기는 것을 허락하심으로써 당신을 하나님께로 더 가까이 오게 하시며 자신을 만나도록 하십니다.

시편 50:15

3) 모든 필요가 다 채워지고, 하나님을 포함하여 어떤 것도 더 이상 필요치 않다고 느끼는 바로 그 때가 가장 위험한 때입니다.

요한계시록 3:16,17

4) 하나님께서는 그러한 필요들을 통해서 하나님께서 당신에게 복을 주신다는 것과 당신의 진정한 필요는 오직 주 예수 그리스도와 그분의 은혜임을 깨닫도록 하십니다.

고린도후서 12:7-10

5) 이것이 바로 모든 일에, 특히 인생의 어려운 때까지도, 주님께 감사를 드려야 하는 이유이며, 이것은 매우 중요한 일입니다.

데살로니가전서 5:18

6) 그렇기 때문에 지속적으로 기도하는 자세를 갖추는 것은 너무나도 중요합니다. 어려운 문제에 봉착했을 때 당신은 먼저 기도로써 하나님께 나아가야 하는 것입니다.

데살로니가전서 5:17

2. 어떻게 기도해야 하나요?

A. 우선, *로마서 8:26,27*에 따르면 어떻게 기도해야 할지, 또 무엇을 기도해야 할지를 우리가 늘 잘 알고 있지만은 않다는 사실이 분명해집니다. 그렇기 때문에 당신 안에 계신 성령님께서 기도 중에 당신을 위해 중보하시는 것입니다.

B. 그러나 몇 가지 기본적인 지침이 있습니다.

1) 항상 기도하십시오 - 기도가 생활의 일부분이 되어야 합니다.

데살로니가전서 5:17

누가복음 18:1

2) 같은 말을 계속해서 반복하지 마십시오.

마태복음 6:7

3) 주님께 친구처럼 이야기하십시오. 그분은 당신의 친구이십니다.

요한복음 15:13,14

출애굽기 33:11

잠언 18:24

4) 하나님께 **직접** 나아갈 수 있다는 사실을 기억하십시오.

디모데전서 2:5

에베소서 2:18

C. 주 예수 그리스도와의 관계를 늘 정상적으로 유지해야 합니다. 우리의 기도를 방해할 수 있는 몇 가지 것들이 있는데, 그런 것들이 있을 때 기도는 방해를 받습니다.

1) 자백하지 않은 죄

이사야 59:1,2

시편 66:18

2) 용서하지 않는 마음

마태복음 6:14,15

3) 배우자(및 다른 사람들)와의 불화

베드로전서 3:7

4) 구하지 않음

야고보서 4:2

5) 이기적이거나 잘못된 동기로 구함

야고보서 4:3

잠언 21:13

6) 하나님의 말씀에 무지함

잠언 28:9

3. 기도에는 네 가지가 있습니다(디모데전서 2:1).

A. **간구** - 구체적으로 어떤 것들을 구하는 것을 말합니다. *빌립보서 4:6*은 『...너희의 구하는 것들을 감사함으로 하나님께 알려지게 하라.』고 말씀하고 있습니다. 많은 사람들이 구체적으

로 구하지 않고 너무나 광범위하게 구하기 때문에 안타깝게도 수많은 기도들이 낭비되고 있습니다.

예를 들면 : "하나님, 제게 복을 주십시오."
"어떤 복을 말하느냐? 내가 너에게 어떤 복을 주기를 원하느냐?"

B. **기도** - 이것은 하나님과의 모든 의사소통을 통칭하는 일반적인 용어입니다.

C. **중보** - 다른 사람들을 위한 기도를 말합니다. 이것은 우리의 동기를 순수하게 유지하고 우리의 이기적인 눈을 우리 자신으로부터 돌리도록 해줍니다.

D. **감사** - *시편 100:4*은 우리가 감사와 찬양으로 하나님의 임재로 들어간다는 사실을 분명히 보여주고 있습니다.

4. 기도한 제목들을 기억하십시오.

A. 기도한 것들을 적어두면 자신이 무엇을 위해 기도했는지를 기억하는 데 도움이 될 것입니다. 그렇게 하지 않으면 기도 생

활이 효과적이고도 지속적으로 이루어지기 어렵습니다.

B. 응답받은 기도를 기록해 두는 것도 기도에 응답하시는 하나님의 능력을 더욱 신뢰하게 하는 데 말할 수 없이 중요합니다.

5. 기본 질문

A. 하나님께서는 나의 모든 기도에 응답하시나요?

그렇습니다. 그러나 항상 당신이 원하는 방법대로, 또 당신이 원하는 때에 그렇게 하시는 것은 아닙니다. 우리가 1과에서 배웠듯이, 하나님께서는 당신의 아버지시며, 그분의 모든 길들(방법들)은 완전합니다. 그분의 무한하신 지혜에 따라 당신 기도에 대한 최선의 대답은 "안 된다."이거나 "기다려라."가 될 때도 있습니다. 그러한 때에는 단순히 그분을 신뢰하십시오.

B. 다른 사람들을 위해 기도하는 것이 중요한가요?

1) 바울은 다른 사람들을 위해 쉬지 않고 기도했으며(로마서 1:9) 많은 경우 기도해줄 것을 요청했습니다(히브리서 13:18, 데살로니가후서 3:1).

2) 사무엘은 다른 사람들을 위해서 기도하지 않는 것이 죄라고 말했습니다(사무엘상 12:23).

3) 다른 사람들을 위한 기도의 좋은 예를 우리는 영국의 죠지 뮬러 목사에게서 찾아볼 수 있습니다. 그는 몇몇 사람들의 구원을 위해 60년이 넘도록 계속해서 기도했습니다. 그가 죽을 때까지도 그중 몇 사람은 여전히 구원받지 않은 상태였습니다. 그러나 그의 장례식 때 일부가 구원받았으며, 그 다음 해에 나머지 많은 사람들이 구원받았습니다.

4) 계속해서 기도하십시오. 기도의 열매가 살아 있을 동안에만 맺히는 것은 아닙니다.

복 습 문 제

1. 기도는 무엇을 성취하는 것이 아닙니까?

2. 신실한 기도생활의 결과는 무엇입니까?

3. 기도는 우리를 하나님께 가까이 다가가게 함으로써 그분께서 우리의 모든 필요를 채워주심을 경험하게 해줍니다. 다음의 구절들은 하나님과 우리의 필요에 대해 무엇을 가르쳐줍니까?

   A. *마태복음 6:8*

   B. *시편 50:15*

4. 그리스도인에게 있어서 가장 위험한 상태는 어떤 것입니까?

5. *데살로니가전서 5:18*에 따르면 우리는 모든 일에 감사를 드려야 합니다. 이것은 우리에게 아직 채워지지 않은 어떤 ________ 들이 있을 때와 인생의 __________ 때에도 그렇게 해야 함을 의미합니다.

6. 어려운 문제에 봉착했을 때 제일 먼저 해야 할 일은 무엇입니까?

7. 기도에 관한 몇 가지 기본 지침들이 있습니다. 아래의 구절에 근거해서 간단히 설명하십시오.

A. *데살로니가전서 5:17*

B. *마태복음 6:7*

C. *출애굽기 33:11*

8. 기도생활을 방해하는 요소들을 나열하십시오.

   A.

   B.

   C.

   D.

   E.

   F.

9. 기도생활을 규모 있게 할 수 있는 두 가지 방법은 무엇입니까?

   A.

   B.

10. 하나님께서는 기도에 응답하십니다. 그러나 항상 당신이 기대하는 방법대로 하시는 것은 아닙니다. 그분의 응답이 때로는 __________ 이거나 ______________ 가 될 수도 있습니다.

11. 우상이나 어떤 인간에게 기도해서는 안 됩니다. 이러한 관점에서 *디모데전서 2:5*을 설명해 보십시오.

12. 이 과의 목적을 간단히 설명하십시오.

♣ 암 송 구 절

디모데전서 2:5

시편 66:18

데살로니가전서 5:18

◆ 주의할 점 : 오늘날의 많은 교회들은 다음과 같은 교리를 가르치고 있습니다.

1. 우상이나 성인들, 또는 어떤 인간에게 기도해야 한다.
2. 길게, 그리고 열심히 기도하기만 하면 하나님은 자신의 마음을 바꾸시고 우리의 요구를 들어주신다.
3. 최선의 기도는 다른 사람이 작성한 기도문을 "읽는" 것이다.
4. 기도는 <u>반드시</u> 정해진 시간에 정해진 형식으로 해야만 한다.

이 과에서 배운 성경의 가르침에 따라 이러한 교리들이 거짓이라는 점을 알아야 하며 또 그 이유를 알아야 합니다.

NOTES

NOTES

NOTES

제 7 과 : 하나님의 뜻

"하나님의 뜻을 어떻게 발견할 수 있나요?"

한 유명한 설교자는 자신의 인생을 향한 하나님의 뜻을 발견하고 그것을 성취하는 사람이 가장 성공한 사람이라고 말했습니다. 이것은 참으로 의미 있는 말입니다. 인생의 성공을 측정하는 참된 척도는 사회적 지위나 예금통장에 있는 돈도, 명성이나 영향력도 아니고, 오직 하나님께서 자기에게 원하신 것을 그가 행했는가 행하지 않았는가에 달려있습니다.

이 과의 목적은 독자에게 하나님의 뜻이 무엇인가를 성경을 통해 분명히 밝히고, 하나님께서 자신을 통해 이루시고자 하는 바를 성취하는 삶을 시작하도록 돕는 데 있습니다.

1. 하나님의 뜻이 아닌 것

A. 하나님의 뜻은 물리적인 것이 아니라 영적인 것입니다. 그것은 어떤 외적인 규칙들이나 지리적인 위치, 특정한 사역과 연관된 것이 결코 아닙니다.

B. 하나님의 뜻과 우리의 삶을 향한 하나님의 계획을 혼동해서는 안 됩니다. 하나님께서는 우리 각인의 삶에 대한 구체적인 계획을 갖고 계십니다. 그 계획은 삶의 모든 환경 속에서 하나님께서 주실 특별한 지침입니다.

2. 하나님의 뜻에는 두 가지 측면이 있습니다. 허락하신 뜻과 직접적인 뜻입니다.

A. 하나님의 허락하신 뜻 - 하나님께서는 보다 큰 목적을 성취하시기 위해 때로는 기뻐하시지 않는 일이 발생하는 것을 허락하신다는 점을 분명히 이해해야 합니다. 이러한 예들은 성경

속에서, 그리고 성경 밖에서도 많이 발견할 수 있습니다.

1) 때로는 그리스도인들의 삶 속에 불행하게 보이는 일들이 일어납니다.

a. 그 순간에는 고난을 겪지 않는 것이 낫겠다고 생각하겠지만, 하나님께서는 그러한 고난을 통해서 그분의 자녀들을 완전케 하시려고 그들이 고난을 겪는 것을 허락하십니다.

베드로전서 3:15-18

고린도후서 12:6-10

베드로전서 5:10

b. 제1과를 통하여 우리는 하늘에 계신 아버지께서 자신의 아들들을 다루시는 데 결코 실수하지 않으신다는 사실을 배웠습니다.

마태복음 7:11

로마서 8:28

2) 하나님께서는 우리가 선이든 악이든 선택하는 것을 허락하십니다.

a. 바울의 예루살렘 여행 - 하나님께서는 그에게 가지 말도록 세 번이나 경고하셨지만, 그에게 순종을 가르치시려고 그가 가는 것을 허락하셨습니다(사도행전 21:4-14). 그러나 하나님의 뜻을 어긴 그는 2년 동안 감옥에 갇히게 되었습니다.

b. 히틀러 - 하나님께서는 육백만 명이나 되는 자신의 백성을 히틀러가 학살하는 것을 막으실 수도 있었겠지만, 그분께서는 유대인들의 민족적 회복의 시작으로서 그것을 허락하셨습니다. 결과적으로 유대인들은 그들의 고향으로 돌아가게 되었습니다.

c. 사람은 "자유의지"를 가지고 있습니다. 하나님은 누구에게도 강제적으로 어떤 일을 하도록 하시지 않습니다. 하나님께서는 구원을 제시하시며 경건한 삶의 원칙들을 마련하셨습니다. 인간이 하나님께서 주신 자유의지를 행사하여 구원을 거절할 수도 있습니다. 그러나 그는 그 결과를 스스로 감당해야 합니다.

갈라디아서 6:7,8

B. 하나님의 <u>직접적인</u> 뜻

1) 하나님께서 특별히 원하시는 것들이 있습니다.

a. *베드로후서 3:9* - 하나님께서는 아무도 멸망하는 것을 원치 않으십니다. 구원받지 않은 모든 사람들은 그가 무엇을 하건 간에 하나님의 뜻 밖에 있는 것입니다.

b. *데살로니가전서 5:18* - 우리는 모든 일에 감사해야 합니다.

c. *베드로전서 2:13-15* - 우리는 인간의 모든 법령에 복종해야 합니다. 그러나 이것은 다음의 사실과 조화를 이루어야 합니다.

d. *로마서 12:1,2* - 우리는 이 세상과 일치해서는 안 되며, 오히려 우리의 마음을 새롭게 함으로써 변화를 받아야 합니다. (인간의 법령에 복종하는 것은 그들을 구령하기 위해 합당한 간증을 유지하는 것이지만, 당신의 삶은 하나님을 기쁘시게 하기 위해 보다 높은 기준에 따라 살도록 변모되어야 합니다).

e. *데살로니가전서 4:3-7* - 하나님은 우리의 거룩함을 원하십니다.

f. *에베소서 6:5-8* - 우리의 섬김은 마음으로부터, 순수한 동기를 가지고, 예수 그리스도를 섬기듯 해야 합니다.

g. *에베소서 5:15-17* - 우리는 시간을 사서 얻어야 하며, 시간을 낭비해서는 안됩니다. 하나님께서 주신 작은 시간이라도 최대한 활용해야 하는 것입니다.

2) 우리를 향한 하나님의 뜻을 요약해 봅시다. 하나님의 뜻은 땅 위에 사는 모두에게 동일합니다. 그것은 바로 그분의 아들, 주 예수 그리스도의 형상을 본받는 것입니다.

a. *로마서 8:28,29*

b. *요한복음 17:20-23*

c. *에베소서 4:13-15*

3. 나의 삶 속에서 어떻게 하나님의 뜻을 발견할 수 있나요?

그리스도인이 하나님의 뜻을 성취하고 하나님의 지도를 받기 위해서는 세 가지가 작용해야 합니다.

A. 성령 - 당신 안에 거하시는 성령님께서 당신의 삶을 지도할 수 있도록 그분께 자유로운 통로를 내드려야 합니다.

갈라디아서 5:25

요한복음 16:13

고린도전서 2:9,10

B. 하나님의 말씀 - 하나님의 말씀은 우리 삶의 세세한 부분까지 인도하는 절대적인 권위입니다. 자신의 생각을 하나님의 말씀에 흠뻑 적시는 것이 필요합니다.

빌립보서 2:5

로마서 12:1,2

이사야 55:6-11

C. 지역 교회 - 지역 교회는 그리스도인들이 하나님을 섬기는 데 필요한 것들을 갖추게 하기 위한 조직체입니다.

에베소서 4:11,12

4. 삶의 세세한 부분은 하나님께서 어떻게 지침을 주시나요?

*A. 하나님께서 삶의 특정한 부분을 인도하시기 전에 하나님의 뜻에 순종할 것을 결심해야 합니다. 먼저 매일의 삶 속에서 하나님의 일반적인 뜻을 성취해야 하며, 그러고 나서 하나님께서 한 단계 한 단계 보다 구체적인 계획으로 인도하시도록 그분께 신뢰를 두어야 합니다.

B. 하나님께서는 자신을 위해 "거창한 일들"을 하는 것보다 그분께서 원하시는 사람이 되는 것을 원하십니다. 먼저 그분께서 원하시는 사람이 되도록 하십시오. 그러면 무엇을 해야 할지를 하나님께서 보여주실 것입니다.

5. 기본 질문

A. 왜 하나님께서는 나를 위해 예비하신 모든 구체적인 계획들을

지금 한꺼번에 보여주시지 않나요?

1) 그것을 시작하기도 전에 부담을 느낄 수 있기 때문입니다.

2) 그러한 것을 하기에는 아직 준비가 되지 않았을 수도 있습니다.

3) 하나님께서 원하시는 모습이 아직 되지 않았을 수도 있습니다.

4) 하나님께서는 우리가 할 수 있을 때 우리가 무엇을 해야 할지를 보여주십니다.

5) 이것은 아이들에게 늘 하는 질문으로 설명될 수 있습니다. "커서 어떤 사람이 되고 싶니?"라는 질문을 다섯 살 난 아이들에게 하고 나서 그들이 한 대답대로 되도록 강요한다면 20년 후에 세상에는 소방대원이나 경찰관, 간호원 밖에 없을 것입니다.

시간이 지나고 영적으로 성장해감에 따라 우리의 관심과 재능과 욕망은 커지고 또 변할 것입니다. 우리의 생을 향한 하나님의 구체적인 뜻을 성취해 가면서 인내하고 하나님을 신뢰해야 합니다.

복 습 문 제

1. 하나님의 뜻이 아닌 네 가지를 나열하십시오.
   A.

   B.

   C.

   D.

2. 하나님께서는 당신의 삶을 위해 구체적인 __________을 갖고 계십니다.

3. 하나님의 "허락하시는" 뜻을 간단히 설명하십시오.

4. *베드로전서 5:10*에 따르면 하나님께서는 그리스도인들이 고난을 겪는 것을 허락하심을 알 수 있는데 그 이유는 무엇입니까?
   A.

B.

C.

D.

5. 하나님께서는 모든 사람에게 자유의지를 주셨기에 어느 누구에게도 강제적으로 어떤 일을 하게 하시지 않습니다. 그러나 하나님께서 제시하신 구원을 거부한다든지, 아니면 그분께서 보여주신 삶의 어떤 방향을 거부한다면 어떤 결과가 있겠습니까?

6. 하나님께서는 사람들을 향한 직접적인 뜻을 가지고 계십니다. 하나님께서 우리에게 구체적으로 원하시는 것 일곱 가지를 나열하십시오.

A.

B.

C.

D.

E.

F.

G.

7. 그리스도인의 삶을 향한 하나님의 뜻을 요약하고, 그것과 관련된 성경 구절을 제시하십시오.

8. 하나님의 뜻을 성취하고 그분의 인도하심을 받아들이기 위해서 성도의 삶 속에서 작용해야 할 것은 무엇입니까?

A.

B.

C.

9. 하나님께서 자신의 생을 위한 구체적인 방향을 제시하시기에 먼저 갖추어야 할 자세는 무엇입니까?

10. 하나님의 뜻과 하나님의 계획의 차이를 간단히 설명하십시오.

11. 이 과의 목적을 간단히 설명하십시오.

♣ 암 송 구 절

로마서 12:1,2

베드로전서 3:17

베드로후서 3:9

◆ 주의할 점 : 오늘날 많은 사람들이 하나님의 뜻을 혼동하고 있는데, 다음과 같이 믿는 사람들이 있습니다.

1. 하나님의 뜻은 개인에 따라 틀리다.

2. 하나님의 뜻은 구체적이고 물리적인(physical) 것들과 관련이 있다.
3. 하나님은 무엇이 일어날 것인지를 예정하셨기 때문에(운명처럼) 인간의 자유의지는 아무런 영향을 미치지 못한다.
4. 그리스도인들의 삶에서 발생하는 문제는 <u>항상</u> 그가 지은 죄의 결과이다.

이 과에서 배운 성경의 가르침에 따라 이러한 믿음이 잘못되었다는 점을 알아야 하며 또 그 이유를 알아야 합니다.

이 과의 주제와 관련된 질문을 적어 보십시오.

NOTES

NOTES

제 8 과 : 지 역 교 회

"지역 교회에 속해야 하는 이유는 무엇인가요?"

하나님께서 땅 위에 세우신 세 가지 주요 기구는 가정, 정부, 그리고 지역 교회(local church)입니다. 그 중에서 구원받지 않은 자들에게 복음을 전하고 성도들을 온전하게 세워주며 하나님을 영화롭게 하기 위해 하나님께서 세우신 것이 바로 지역 교회입니다. 따라서 그리스도인을 향한 하나님의 계획은 그가 지역 교회에 속해 있을 때 가장 잘 성취될 수 있습니다.

이 과의 목적은 독자에게 매일의 삶 속에서 교회를 위해 자신이 어떤 역할을 감당해야 하는지를 일깨워 주는 것입니다.

1. 지역 교회란 무엇입니까?

A. 지역 교회란 교회 건물을 지칭하지 않습니다.

1) 우리는 영과 진리로 하나님께 경배드립니다(요한복음 4:24). 어떤 특정한 건물이나 장소에서만 하나님께 경배드리는 것이 아닙니다.

2) 건물이 아니라 우리의 몸이 하나님의 성전입니다

고린도전서 6:19

B. 교단에 따라 모인 모임이 아닙니다.

C. 지역 교회는 구원받은 사람들의 모임으로서, 특정 지역에서 하나님을 섬기기 위해 모인 모임입니다.

2. 지역 교회와 그리스도의 몸을 구분해야 합니다.

"교회"는 크게 눈에 보이는 교회와 눈에 보이지 않는 교회로 나눌 수 있습니다. 전자는 지역 교회이고 눈에 보이는 조직체인

반면, 후자는 "그리스도의 몸"으로 눈에 보이지 않는 영적 유기체이며 모든 민족들 가운데서 구원받은 무리들을 가리킵니다.

1) *고린도전서 12:27*에서 바울은 구원받은 사람들을 가리켜 분명하게 "우리가 그리스도의 몸"이라고 했습니다.

2) 바울은 그리스도의 몸 된 교회를 사람의 몸과 비교했습니다(고린도전서 12:14-27).

a. 각 지체는 각각 다른 기능을 가지고 있습니다(14-20절).
b. 어떠한 지체라도 혼자서 기능할 수 없습니다(21절).
c. 각 지체의 역할이 모두 중요합니다(22-24절).
d. 각 지체가 연결되어 하나의 몸처럼 작용합니다(25-27절).

3. 지역 교회의 기능은 무엇인가요?

A. 지역 교회가 처음으로 조직된 곳은 예루살렘이었는데(사도행전 2:41-47) 그 곳의 성도들은 다음과 같은 목적에서 교회를 이루었습니다.

1) 하나님의 말씀을 가르치기 위해(42절)
2) 다른 성도들과의 교제를 위해(42절)
3) 기도를 위해(42절)

4) 교회가 치러야 하는 두 가지 의식을 위해
   침례식(41절)과 주의 만찬(42절)
5) 하나님의 은혜와 능력의 증거를 위해(43절)
6) 서로 돕는 일과 사역을 위해(44,45절)
7) 무리 안으로 구원받는 사람들을 더하기 위해(46,47절)
8) 하나님을 영화롭게 하며 찬양하기 위해(47절)

*B. 지역 교회의 가장 우선적인 목적은 성도들을 세워 주는(양육하고, 가르치고, 강건하게 해주는) 것입니다.

에베소서 4:11-16

4. 지역 교회 안에서 나의 역할은 무엇인가요?

A. 그리스도인으로서의 삶을 살아가면서 우리는 *에베소서 4:12*에 개괄적으로 나타나 있는 세 단계를 통해 지속적으로 성장해야 합니다.

1) **온전케 되는 일** - 관찰하고 배우십시오.
   하나님께서 원하시는 모습이 되기 위해 하나님의 말씀이 가르치시는 바에 대해 복종하는 것을 가장 중요한 일로 여겨야 합니다.

마태복음 11:28-30

2) **섬기는 일** - 참여하십시오.
성장하게 되면 교회에서 진행 중인 여러 사역들 속에서 기초적인 일들을 감당하고 섬기는 일을 시작하게 될 것입니다.

마태복음 4:19

야고보서 1:22-25

3) **그리스도의 몸을 세움** - 다른 사람들을 인도하십시오.
계속해서 성장하게 되면 이전에 자기가 성장할 수 있도록 누군가에게 섬김을 받은 것과 같은 방법으로 다른 사람들을 섬길 수 있게 될 것입니다.

디모데후서 2:2

B. 이러한 영적 성장의 세 단계는 대략적으로 육체적인 성장의 세 단계, 즉 유아기, 소년기, 성인기에 견줄 수 있을 것입니다.

C. 인내하십시오. 이러한 과정은 시간이 걸릴 것입니다. 인내하면서, 하나님께서 세우신 기구인 지역 교회에 대해 언제나 신실

해지려는 자세를 잃지 마십시오.

5. 기본 질문

A. 만일 다른 지역으로 이사했을 경우 내가 섬길 수 있는 합당한 지역 교회를 어떻게 찾아야 하나요?

1) 기도하십시오! 어떠한 교회로 가야 할지 보여주시도록 하나님께 구하십시오.

야고보서 1:5

2) 그 교회의 특징들을 관찰해 보고 그것들을 성경이 제시하는 합당한 교회로서의 요구 사항과 비교해 보십시오.

a. 구령하는 증거들이 있는가?

마태복음 7:20

사도행전 2:47

b. 성경이 하나님의 말씀이며 삶의 절대적인 지침이라고 가르치는가?

디도서 1:9

c. 교회 회원들에게 성경을 읽고 공부할 것을 독려하는가?

사도행전 17:10-12

d. 사람들의 필요를 채워주는가?

사도행전 6:1-6

e. 선교사를 파송하고 지원하는가?

사도행전 13:1-3

복 습 문 제

1. 하나님께서 지상에 세우신 세 기구는 무엇입니까?

   A.

   B.

   C.

2. 교회란 ____________을 지칭하지 않습니다.

3. 다음 용어들을 간단하게 정의하십시오.

   A. 지역 교회

   B. 그리스도의 몸 된 교회

4. *고린도전서 12:14-27*에서 바울은 그리스도의 몸 된 교회가 많은 면에서 ________의 ________과 유사하다고 했습니다. 이 구절에서 나열한 몸의 다섯 가지 부분을 쓰십시오.

A.

B.

C.

D.

E.

5. 그리스도의 몸 된 교회와 사람의 몸과의 네 가지 유사점을 나열하십시오.

A.

B.

C.

D.

6. 성경에서 최초의 신약적 지역 교회는 예루살렘에서 생겼습니다. *사도행전 2:41-47*에서 볼 수 있는 지역 교회의 기능들을 나열하십시오.

A.

B.

C.

D.

E.

F.

G.

H.

7. 지역 교회의 최우선적인 역할은 무엇입니까?

8. 지역 교회의 회원으로서 영적으로 성장해 가면서 교회의 사역에 점차적으로 참여하는 데 있어 밟게 되는 세 가지 단계를 쓰십시오.

A.

B.

C.

9. 육체적 성장의 세 단계는 *요한일서 2:12-14*에서 볼 수 있는 영적인 성장의 세 단계와 각각 어떻게 연결될 수 있습니까?

A. ____________________ 는 ________________

B. ____________________ 는 ________________

C. ____________________ 는 ________________

10. 그리스도인은 ________에 반드시 속해야 합니다. 영적으로 성장하는 것은 ________께서 세우신 ________ 안에서만이 온전하게 이루어질 수 있기 때문입니다.

11. 그리스도인이 섬기고자 하는 지역 교회를 찾을 때 점검해야 할 사항은 무엇입니까?

A.

B.

C.

D.

E.

12. 이 과의 목적을 간단히 설명하십시오.

♣ 암 송 구 절

에베소서 4:11,12

고린도전서 12:27

디모데후서 2:2

◆ 주의할 점 : 많은 교회들이 오늘날 하나님의 계획을 성취하지 못하고 있는 이유는 그들이 다음과 같은 자세를 갖고 있기 때문입니다.

1. 성경을 제대로 배우기 위해서는 반드시 신학대학에 가야만 한다.
2. 지역 교회의 주된 목적은 사회적, 정치적 목적을 실현하는 것이다.
3. 지역 교회는 결혼식, 장례식, 종교 명절을 위해 필요한 것이다.
4. 모이는 사람들의 영적 필요를 채워 줄 책임은 교회의 지도사에게만 있다.

이 과에서 배운 성경의 가르침에 따라 이러한 자세들이 잘못되었다는 점을 알아야 하며 또 그 이유를 알아야 합니다.

이 과의 주제와 관련된 질문을 적어 보십시오.

NOTES

NOTES

기초성경공부 2

- 성장을 위한 첫걸음 -

초판1쇄 1995년 9월 30일
초판6쇄 2025년 2월 20일

지은이 / 편 집 부
발행인 / 말씀보존학회

발 행 처 / 말씀보존학회
출판등록 / 제409-2022-000036호
주 소 / 서울 강서우체국 사서함 제90호
전 화 / (02) 2665 - 3743
팩 스 / (02) 2665 - 3302
인 터 넷 / www.biblemaster.co.kr

값 3,000 원